Mein

VORSCHULLEXIKON

Die Welt von A bis Z

Hallo!
Komm mit uns
in die Welt von
A bis Z!

Schreibe deinen Namen groß in das Feld!

Nicolas

EDITION BÜCHERBÄR

der Aal

Der Aal lebt im flachen Wasser.

das Afrika

Afrika ist ein heißes Land.

der Ahorn

Die Kinder setzen sich die Früchte des Ahorns gerne auf ihre Nasen.

das Akkordeon

Durch Auseinanderziehen und Zusammendrücken des Akkordeons erzeugt man Töne.

die Alm

Im Sommer treibt der Bauer sein Vieh hoch auf die Alm.

die Angel

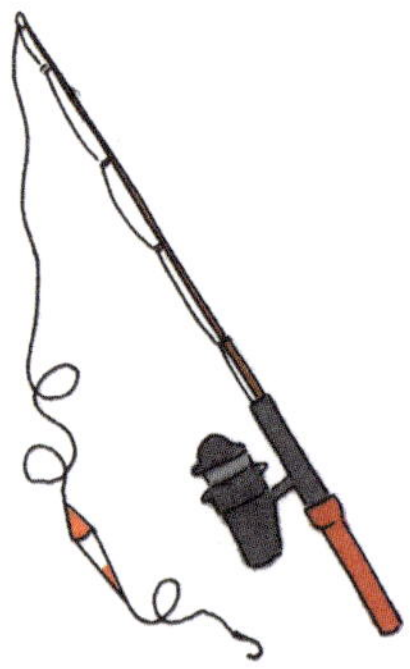

Mit dem Köder am Angelhaken lockt der Angler die Fische an.

das Aquarium

Filter und Pumpe sorgen dafür, dass das Wasser im Aquarium frisch und sauber bleibt.

der Artist

Der Artist und die Artistin treten im Zirkus auf.

der Astronaut

Im Weltraum trägt der Astronaut einen Raumanzug.

der Atlas

In einem Atlas findest du Karten von vielen verschiedenen Ländern.

die Autobahn

Autobahnen sind breite Straßen, auf denen man schnell fahren kann.

der Automat

Aus diesem Automaten kannst du Karten für eine Straßenbahnfahrt kaufen.

Wie viele Fische sind in diesem Aquarium? Sieh beim Zählen genau hin und kreuze das richtige Kästchen an!

Der Artist übt für die nächste Vorstellung Saltos am Trapez. Hilf ihm dabei und male die Saltospuren in vielen bunten Farben nach!

Autobahnen haben keine Ampeln und Kreuzungen. Mache ein Kreuzchen in das Kästchen, wenn du auf dem Bild eine Autobahn siehst!

1.

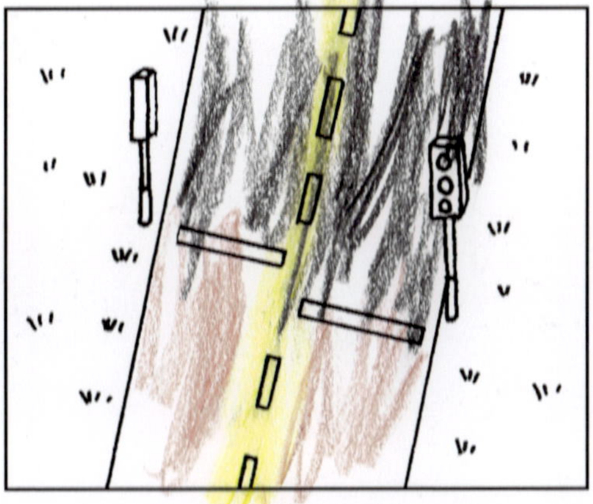

2.

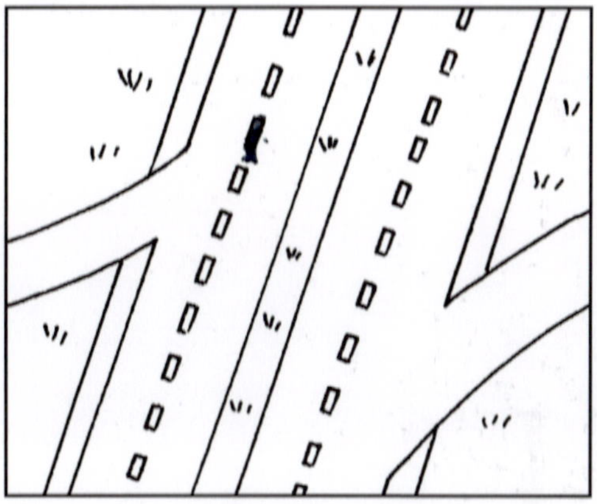

3.

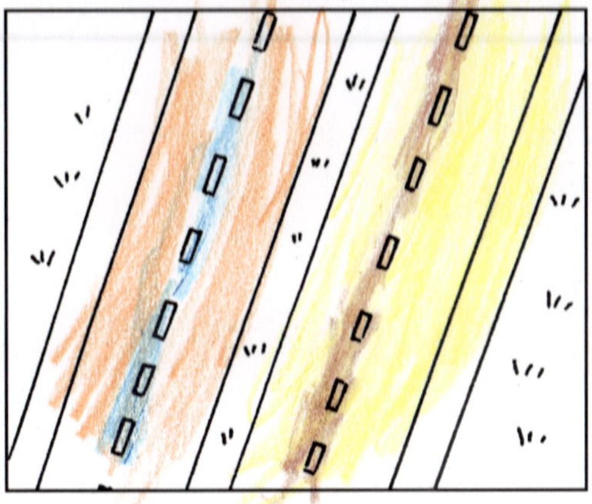

4.

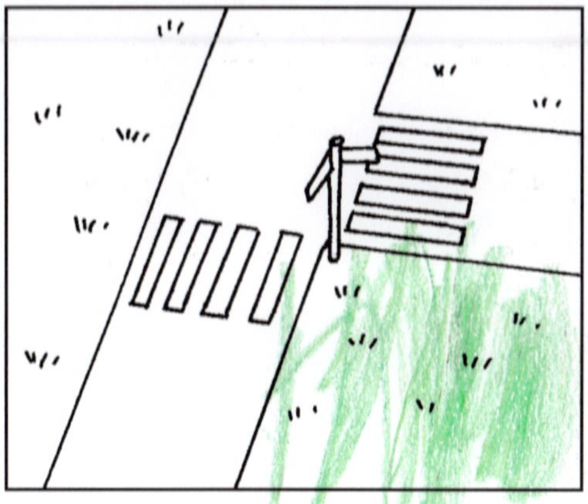

5.

6.

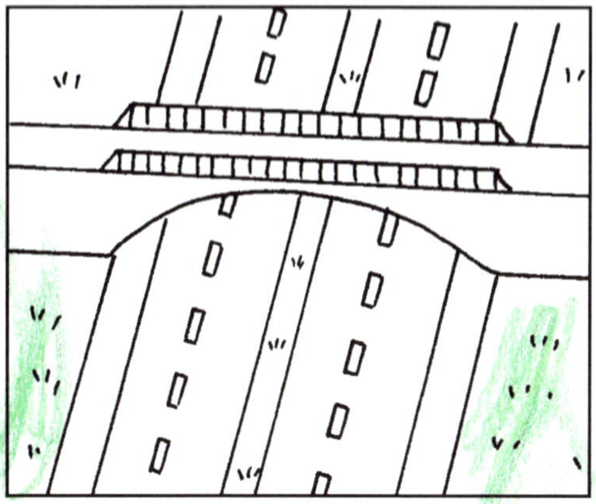

Lösung: Bild 2, Bild 3, Bild 6.

der Bäcker

Am frühen Morgen backt der Bäcker Brot, Brötchen und Kuchen.

der Bahnhof

Menschen können hier ein- oder aussteigen.

die Batterie

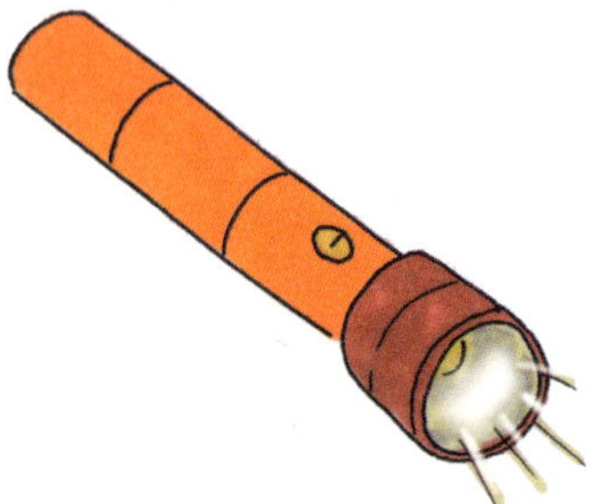

Die Batterie liefert die Energie, die die Taschenlampe zum Brennen braucht.

die Baumwolle

T-Shirts werden oft aus Baumwolle hergestellt.

der Beduine

Beduinen sind Wüstenbewohner. Sie ziehen mit ihren Tieren umher.

der Bernstein

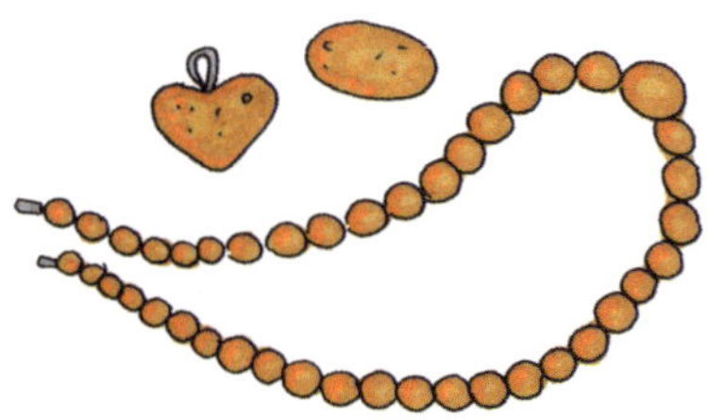

Bernstein ist versteinertes Harz. Daraus wird Schmuck hergestellt.

der Blitz

Bei einem Gewitter regnet, blitzt und donnert es.

die Boje

Die Bojen zeigen den Fischern, wo das Wasser zu flach für ihre Schiffe ist.

der Brunnen

Aus dem Brunnen kann man Wasser nach oben holen.

die Bücherei

Aus der Bücherei kannst du dir Bücher eine Zeit lang ausleihen.

der Bumerang

Wenn du den Bumerang richtig wirfst, kommt er von selbst zu dir zurück.

die Burg

Wenn Feinde die Burg angriffen, zogen die Bewohner schnell die Zugbrücke hoch.

Welches Puzzleteil passt? Kreuze es an!

Beim Umsteigen hat Lisa ihren Teddy und ihren Hasen verloren. Hilf ihr beim Suchen und kreise den Teddy und den Hasen ein, wenn du sie gefunden hast!

So könnte früher eine Burg ausgesehen haben. Leider ist das Bild nicht ganz fertig geworden. Kannst du es beenden?

das Cabriolet

Das Dach des Cabriolets kann man öffnen.

der Camping-platz

Auf dem Campingplatz kann man den Urlaub in Zelten oder im Wohnwagen verbringen.

das Cello

Ein Cello hat vier Saiten, die der Musiker mit dem Bogen anstreicht.

der Champignon

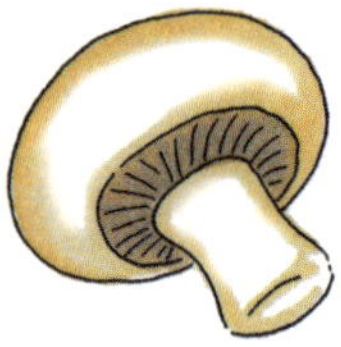

Aus Champignons kann man leckere Soßen kochen.

das Cockpit

Der Flugzeugkapitän sitzt im Cockpit und steuert das Flugzeug.

der Comic

Comics sind lustige Bildergeschichten mit Sprechblasen.

das Denkmal

Denkmäler sollen an berühmte Personen erinnern.

der Dinosaurier

Es gab viele verschiedene Dinosaurier.

der Dirigent

Der Dirigent sorgt dafür, dass die Musiker im selben Tempo spielen.

die Diskette

Auf der Diskette kannst du Bilder und Text abspeichern.

die Düne

Zwischen den Dünen haben viele Vögel ihre Nester gebaut.

der Dynamo

Durch das Drehen am Reifen erzeugt der Dynamo Energie für das Licht am Fahrrad.

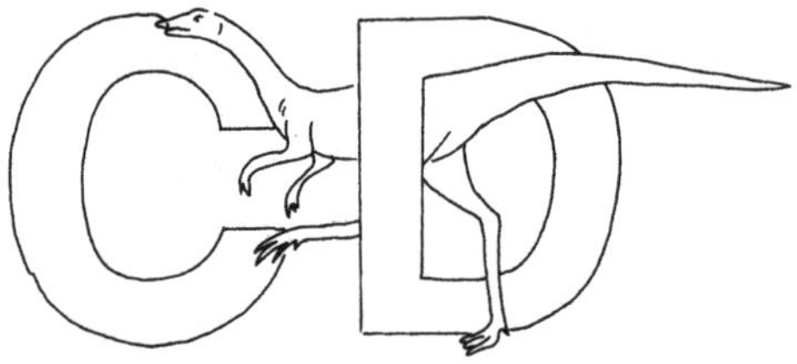

Die Möwen haben ihre Nester gut zwischen dem Strandhafer versteckt.
Entdeckst du sie trotzdem? Kreise die sechs Nester auf diesem Dünenbild ein!

Der Archäologe baut ein Dinosaurierskelett zusammen. Ein Rippenknochen fehlt noch. Welchen Knochen muss er noch einfügen? Forsche mit und kreuze den richtigen Knochen an!

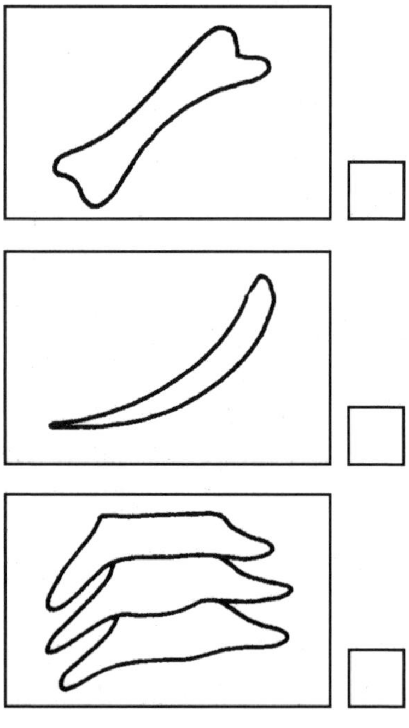

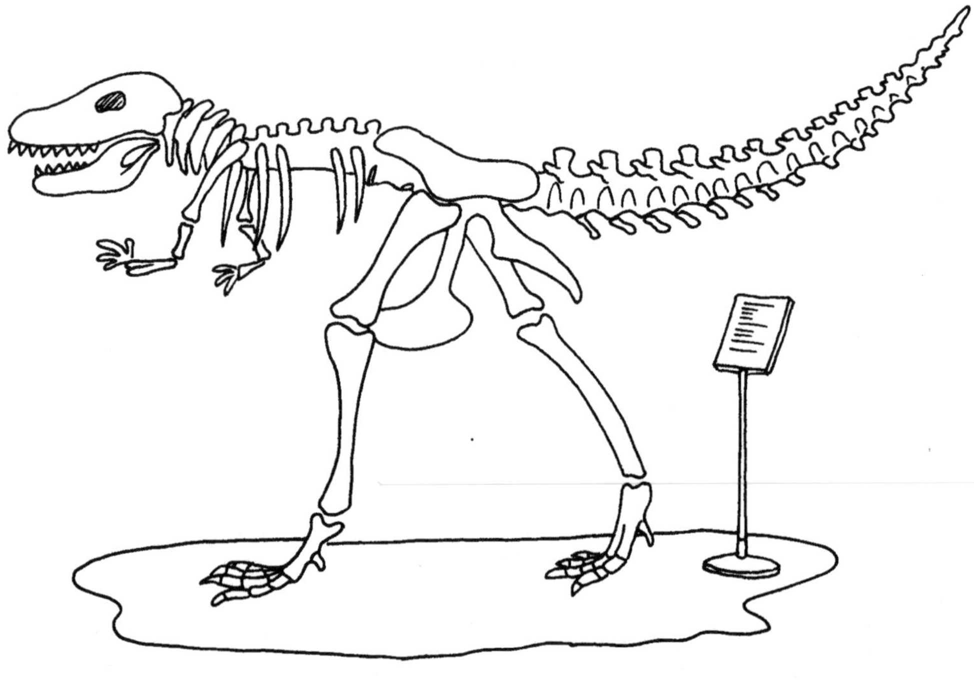

Der Dirigent traut seinen Augen nicht. Zehn Dinge stimmen in diesem Orchester nicht. Kreise sie ein!

Lösung: 1. Inliner, 2. Eimer, 3. Pinsel, 4.Trompete statt Geige, 5. Klarinette falsch herum, 6. Schuh, 7. Badehose, 8. Wollmütze und Schal, 9. Besen, 10. Kind macht Turnübungen

der Eckzahn

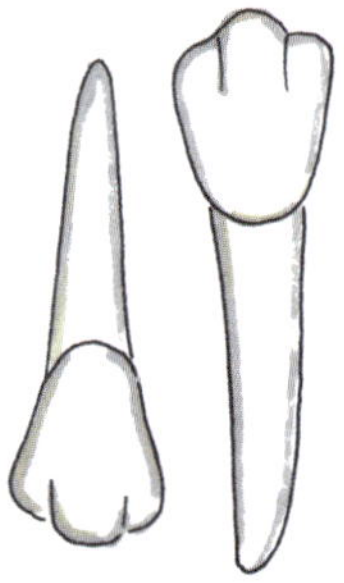

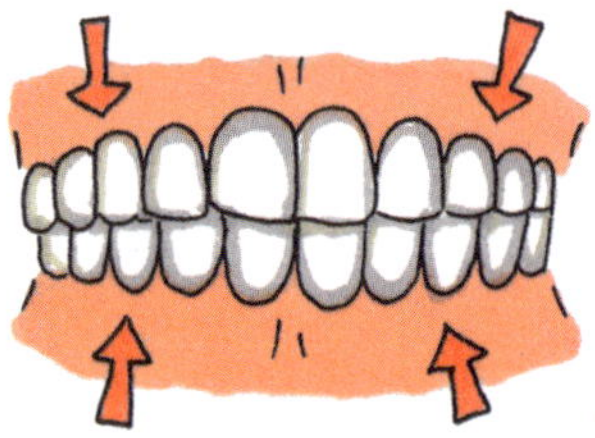

Zwischen den Schneidezähnen und den Backenzähnen sitzen deine vier Eckzähne.

der Edelstein

Edelsteine sind besonders schöne und sehr seltene Steine.

die Eiche

Die Früchte der Eiche heißen Eicheln.

der Eisberg

Eisberge können sehr hoch sein.

der Elektriker

Der Elektriker kann Stromleitungen verlegen und Lampen oder Elektroherde anschließen.

der Eskimo

Die Schlitten der Eskimos werden von Hunden gezogen.

das Fachwerkhaus

Fachwerkhäuser erkennst du an den Holzbalken.

die Fähre

Die Fähre bringt die Menschen und Autos an das andere Ufer des Flusses.

der Fallschirm

Mit dem Fallschirm kann der Fallschirmspringer sicher landen.

der Faustkeil

Aus Feuersteinen stellten die Steinzeitmenschen Faustkeile her.

das Fernglas

Mit dem Fernglas kannst du Dinge, die weit entfernt sind, ganz groß sehen.

die Feuerwehr

Die Feuerwehrleute helfen, wenn es brennt oder einen Unfall gegeben hat.

Kannst auch du Dinge wie ein Fernglas vergrößern? Male den Baum und das Haus ganz groß in die beiden Fernrohrkreise!

Die Eiche gibt vielen Tieren ein Zuhause. Wie viele Tiere leben auf und in dieser Eiche?

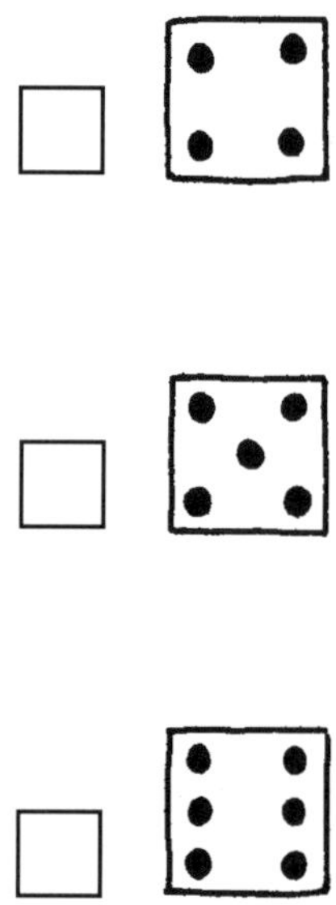

Was ist hier zuerst passiert? Kreuze das obere oder das untere Bild an!

die Gabel

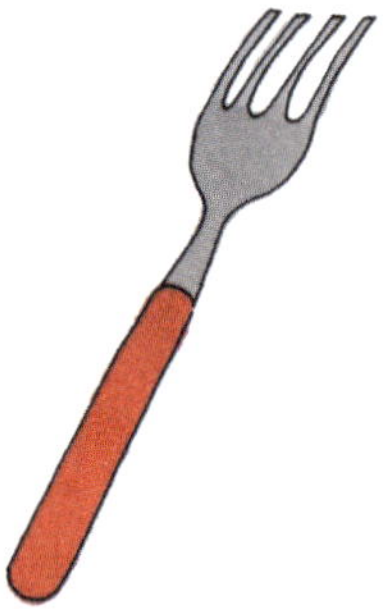

Zu einem Essbesteck gehören Messer, Gabel und Löffel.

die Gebrüder Grimm

Die Brüder Grimm sammelten Märchen und schrieben sie auf.

das Gehege

In diesem Zoogehege leben Giraffen.

das Geld

In vielen europäischen Ländern bezahlt man mit Euros.

das Gelenk

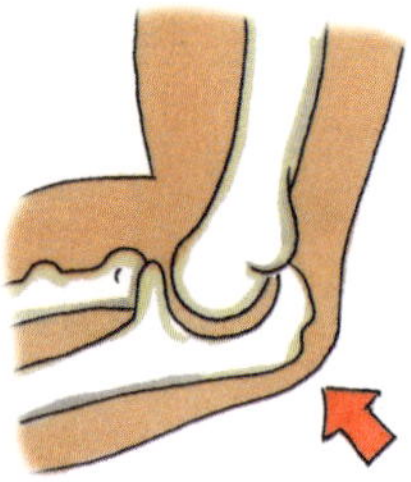

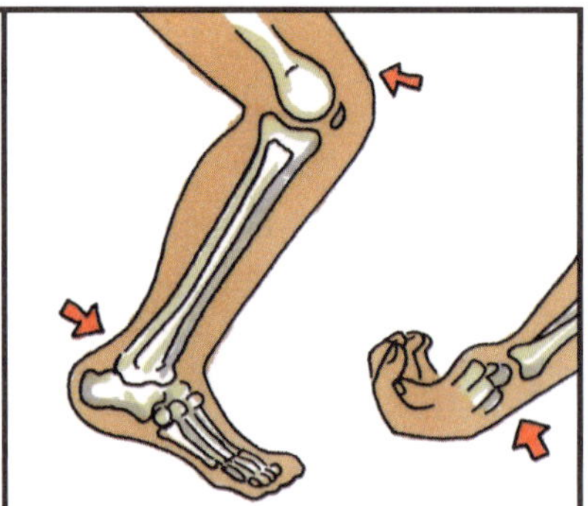

Deine Knie und die Ellbogen sind Gelenke.

das Gewächshaus

Wenn es draußen noch kalt ist, zieht der Gärtner im Gewächshaus seine Pflanzen vor.

das Gewitter

Wenn kalte und heiße Luft aufeinander treffen, bilden sich riesige Gewitterwolken.

die Gewürze

Mit Gewürzen schmeckt der Koch sein Essen ab.

der Gips-
verband

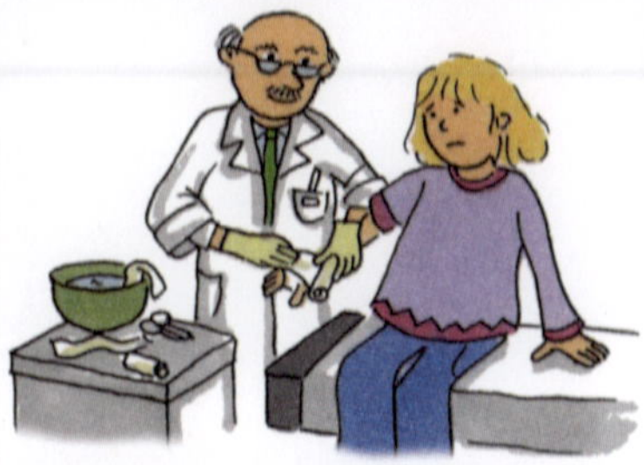

Wenn du dir den Arm gebrochen hast, bekommst du einen Gipsverband.

die Gitarre

Auf seiner elektrischen Gitarre begleitet der Gitarrist die Band.

der Globus

Der Globus ist eine Nachbildung der Erde.

die
Glühbirne

Wenn du das Licht einschaltest, erhitzt der Strom den Glühfaden in der Glühbirne.

Tims Münzsammlung ist durcheinander geraten. Seine Euros sind mit Münzen aus seinem Urlaub vermischt. Hilf ihm beim Sortieren und male alle Euros an!

Male den Glühfaden dieser Glühbirne in vielen bunten Farben nach!

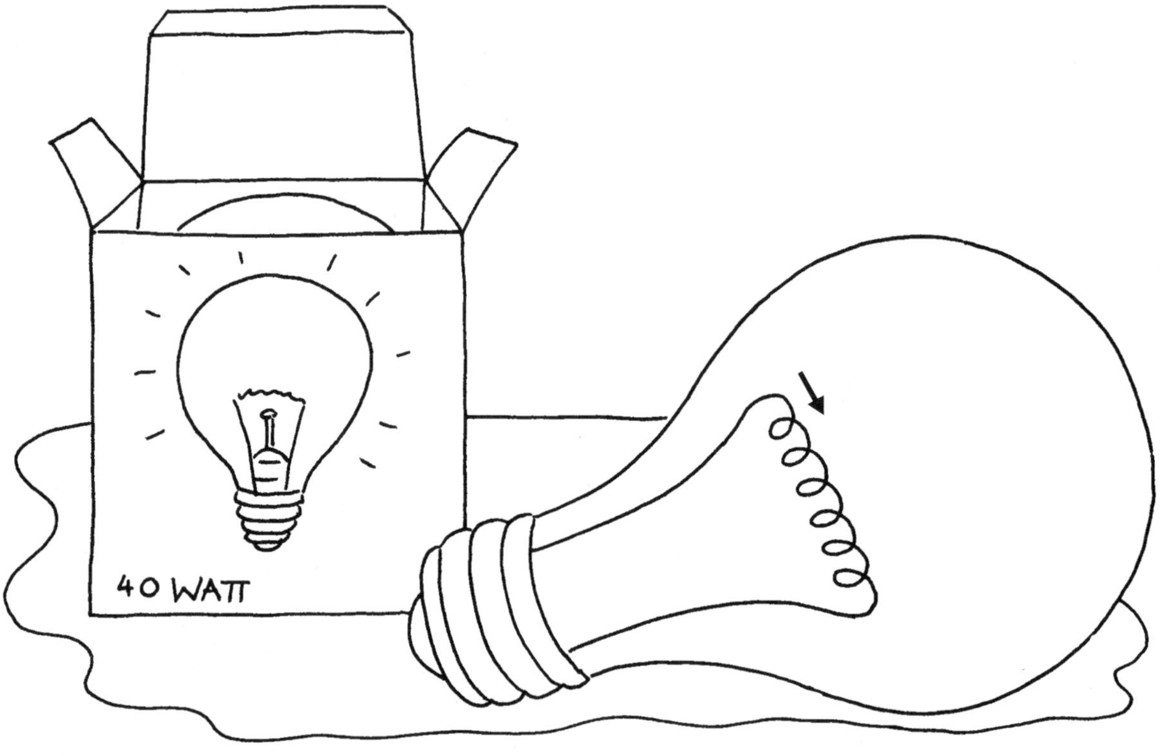

Teste deinen Körper! Kreise auf diesem Bild alle Stellen ein, die du knicken oder kreisen kannst!

die Haare

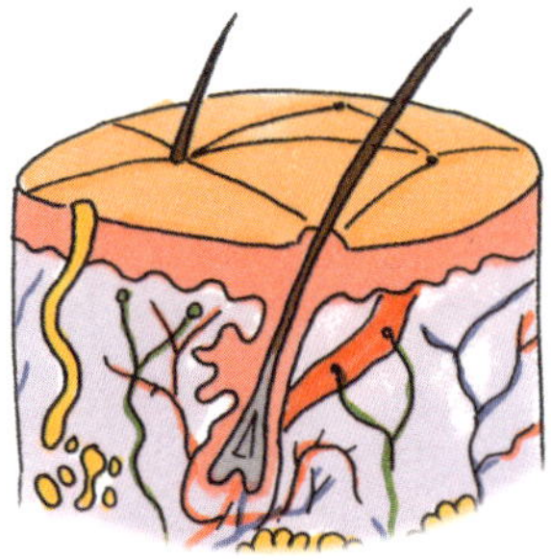

Jedes Haar auf deinem Körper wächst aus einer kleinen Wurzel.

der Hafen

Ein Hafen ist ein Ankerplatz für Schiffe.

der Hagel

Bei einem Unwetter gefrieren Regentropfen manchmal zu Eiskörnchen.

der Hammer

Mit dem Hammer schlägt der Dachdecker die Nägel in das Gebälk.

der Handball

Bei diesem Sport muss der Ball mit der Hand geworfen werden.

das Hausboot

Im Hausboot ist genug Platz zum Wohnen.

der Heiß-
luftballon

In der Gondel eines Heißluftballons kann man die Welt von oben betrachten.

der Helm

Der Helm schützt den Kopf des Radfahrers bei Stürzen.

der Himalaja

Der Himalaja ist das höchste Gebirge der Welt.

die Himbeere

Mutter kocht aus den Himbeeren Marmelade und Konfitüre.

das Hotel

Viele Menschen verbringen ihren Urlaub in einem Hotel.

der Hub-
schrauber

Ein Hubschrauber kann senkrecht in die Luft steigen.

Male die Luftwirbel, die die Flugblätter des Hubschraubers erzeugen, in vielen bunten Farben nach!

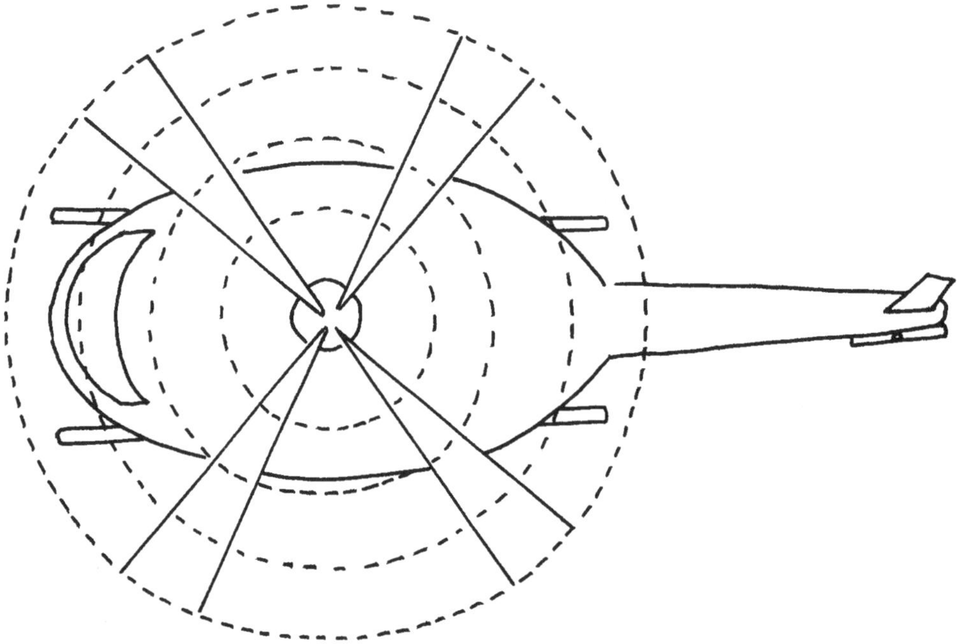

Im Hafen haben viele Schiffe angelegt. Zwei sehen genau gleich aus. Findest du sie? Dann male sie bunt an!

Tom war mit dem Heißluftballon unterwegs. Von oben hat er ein Foto gemacht. Erkennst du die Landschaft wieder, über die er geflogen ist? Kreuze das richtige Bild an!

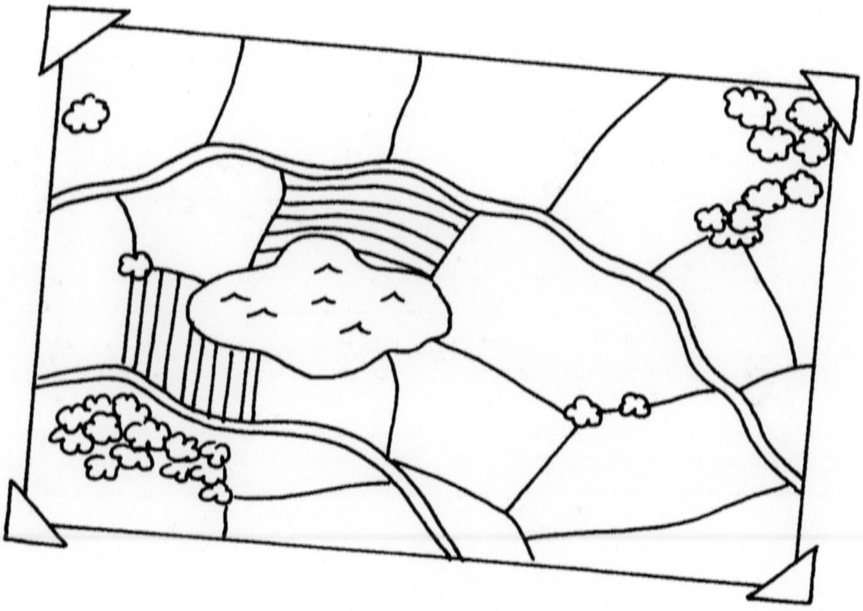

1. ☐

2. ☐

3. ☐

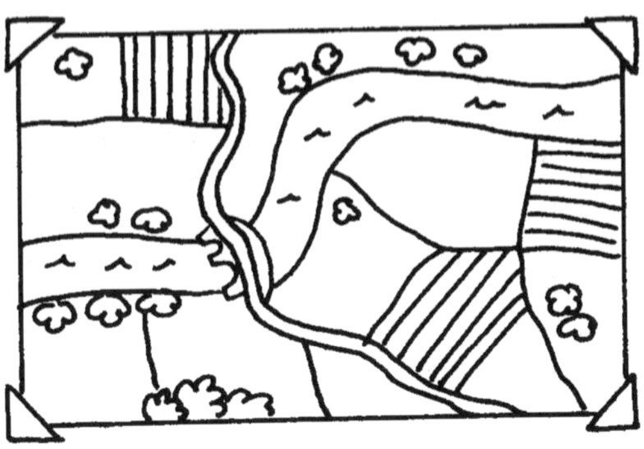

4. ☐

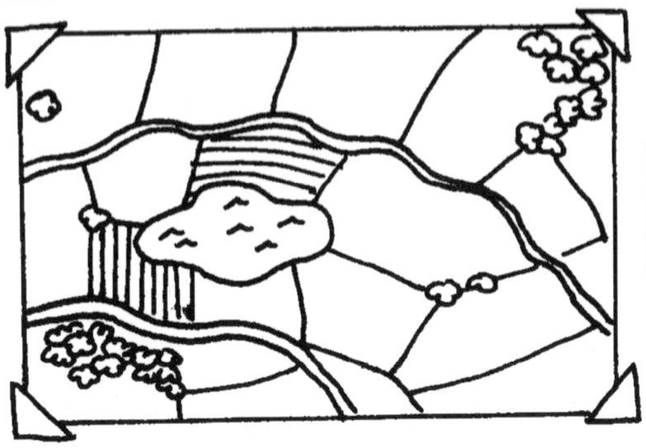

Lösung: Bild 4

der Iglu

Eskimos leben oft in runden Schneehäusern, die Iglus heißen.

die Impfung

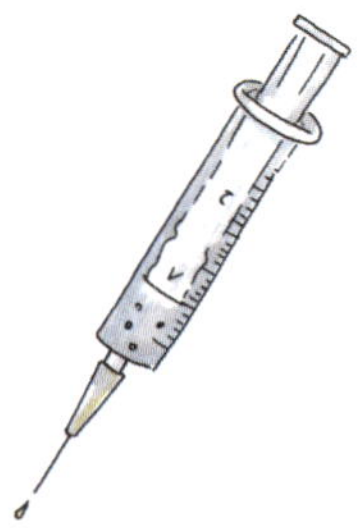

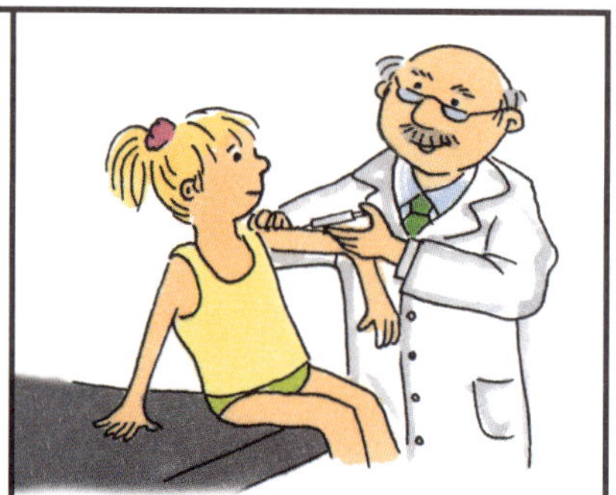

Die Impfung macht unempfindlich gegen manche Krankheiten.

der Indianer

Die Indianer lebten in Wigwams.

der Ingenieur

Ein Ingenieur arbeitet mit technischen Geräten.

der Inline-Skater

Der Inline-Skater trägt eine Schutzausrüstung.

das Insekt

Insekten haben immer sechs Beine.

der Jogurt

Jogurt wird aus Milch gemacht.

die Johannis-beere

Johannisbeeren schmecken säuerlich.

der Jogger

Zu einem Langläufer kann man auch Jogger sagen.

der Joker

Zu einem Kartenspiel gehören Zählkarten, Bildkarten und der Joker.

der Journalist

Der Journalist schreibt für Zeitungen, das Fernsehen oder Radiosender Berichte.

der Jupiter

Der größte Planet in unserem Sonnensystem ist der Jupiter.

Ein Skater muss einen Helm, Knieschoner, Ellbogen- und Handgelenkschützer tragen. Nicht alle Skater sind richtig angezogen. Streiche die Skater durch, die ihre Ausrüstung nicht komplett tragen!

Der Indianer ist auf Bisonjagd. Zeige ihm den richtigen Weg!

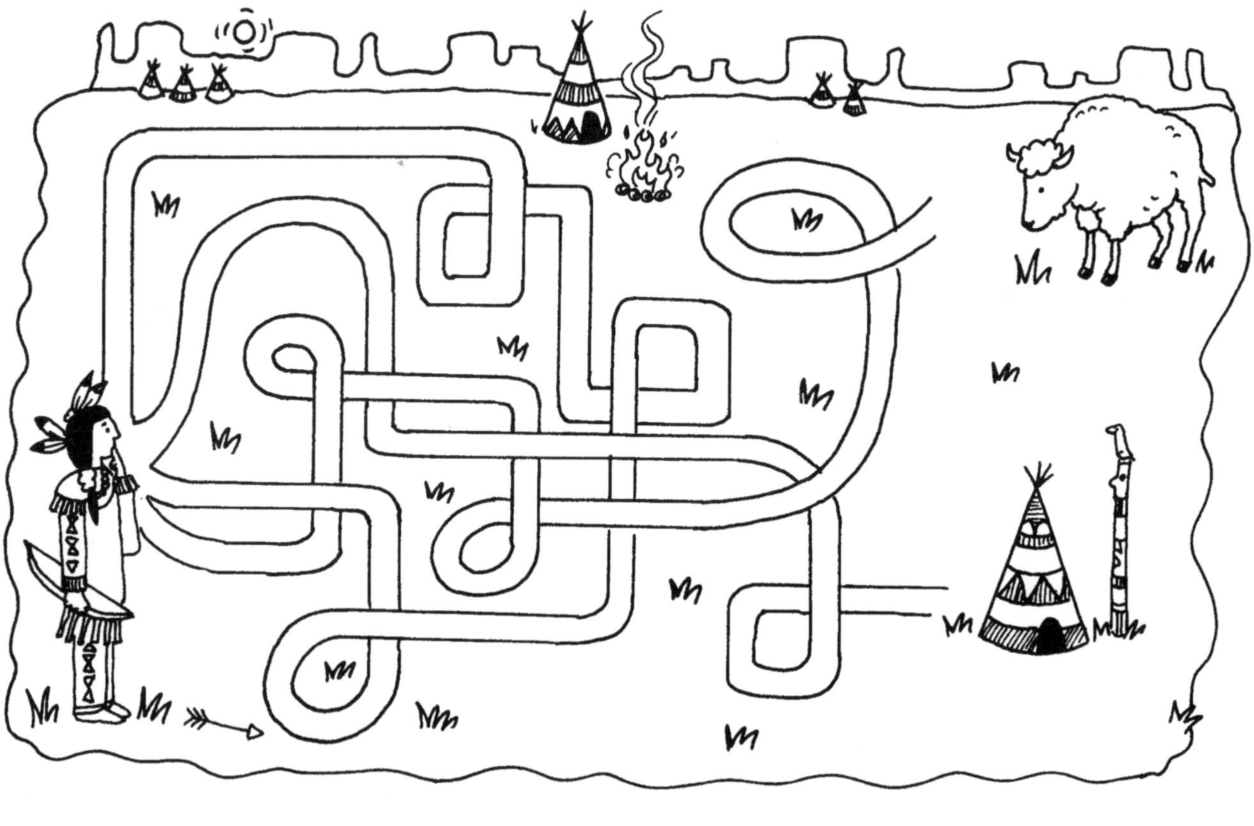

Was fliegt denn da um den Planeten herum? Verbinde die Punkte miteinander, dann siehst du es!

der Kai

Die Fischerboote werden von den Fischern am Kai festgebunden.

der Kaktus

Ein Kaktus kann Wasser lange speichern.

das Kanu

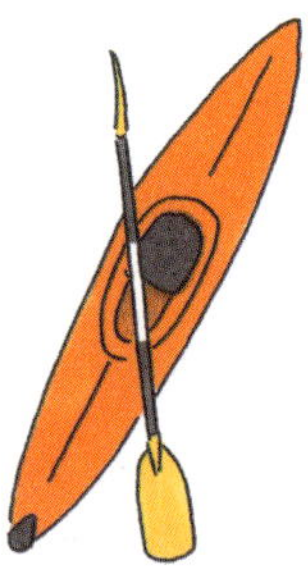

In seinem Kanu paddelt der Indianer den Fluss hinauf.

die Kaul-
quappe

Aus einer Kaulquappe entwickelt sich ein Frosch.

die Kiefer

Die Nadeln der Kiefer sitzen immer als Paar auf einem Polster.

die Kiwi

Man kann sie mit einem Löffel aushöhlen.

der Komet

Der Komet zieht einen langen Schweif aus Staubteilchen hinter sich her.

der Kompass

Mit einem Kompass konnte der Seefahrer herausfinden, in welche Richtung er fahren musste.

die Koralle

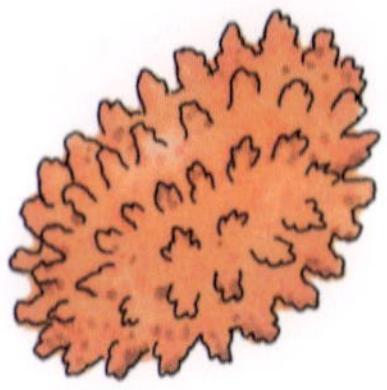

Taucher betrachten sie gerne, denn sie leuchten in bunten Farben.

der Kranführer

Mit einem Kran kann man schwere Balken hoch-heben.

das Kranken-haus

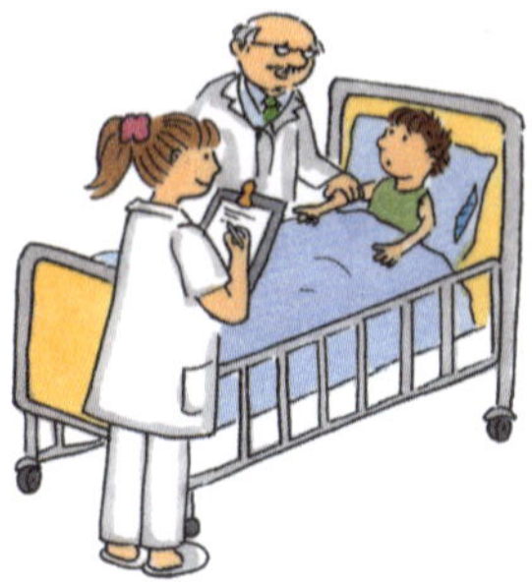

Dort kümmern sich Ärzte, Krankenschwestern und Pfleger um die Kranken.

die Kresse

Auf einem Butterbrot schmeckt Kresse sehr gut.

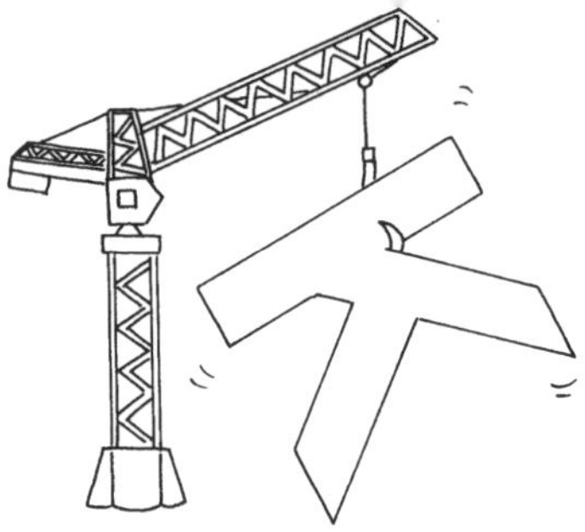

Auf den Bildern siehst du, wie sich aus einer Kaulquappe ein Frosch entwickelt. Bringe die Bilder in die richtige Reihenfolge, indem du die Zahlen 1, 2, 3, 4 in die Kästchen schreibst!

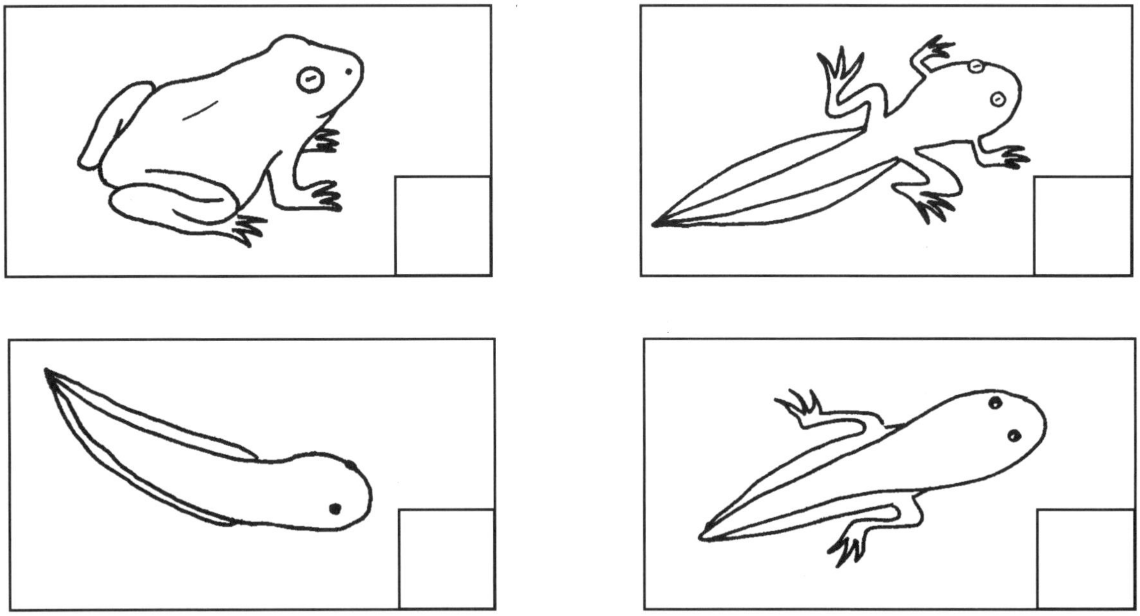

Du kannst das Bild von diesem Kaktus fertig stellen, indem du über jeden Punkt drei Stacheln zeichnest.

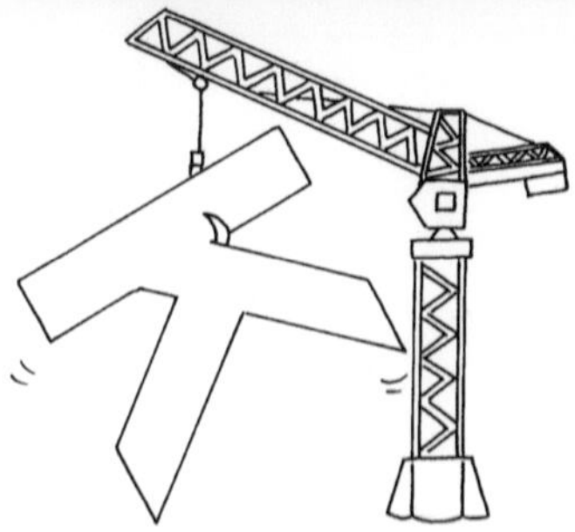

Oma möchte nur Kiefernzweige in die Vase stellen. Male alle Kiefernzweige an, damit sie es leichter hat!

das Lexikon

Im Lexikon kannst du Informationen über Tiere nachschlagen.

der Lampion

Zum Geburtstag hat Mama den Garten mit bunten Lampions geschmückt.

die Lawine

Schneelawinen können so mächtig werden, dass sie Bäume und Häuser umreißen.

das Labyrinth

Zu einem Labyrinth kann man auch Irrgarten sagen.

die Lava

Bei einem Vulkanausbruch kommt rot glühende Lava an die Erdoberfläche.

der Leuchtturm

Das helle Licht in der Leuchtturmspitze warnt die Schiffe vor einem gefährlichen Riff.

die Melone

Im Sommer schmecken gekühlte Melonenstücke gut.

die Muschel

Am Strand kann man Muscheln sammeln.

das Museum

In diesem Museum werden Dinosaurierskelette ausgestellt.

die Marionette

Die Marionette bewegt sich, wenn der Puppenspieler an den Fäden zieht.

das Mikrofon

Die Sängerin singt in ein Mikrofon, damit man sie gut hört.

der Monitor

Zu einem Monitor sagt man auch Bildschirm.

Caro hat am Strand leere Muscheln und Schneckenhäuser gesammelt. Male alle Muscheln blau und alle Schneckenhäuser gelb an!

Male die Felder aus! Nimm dazu die Farben, die neben den Zahlen stehen!

Findest du den Weg durch dieses Labyrinth?

der Nabel

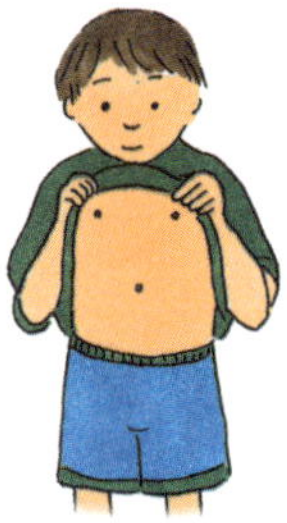

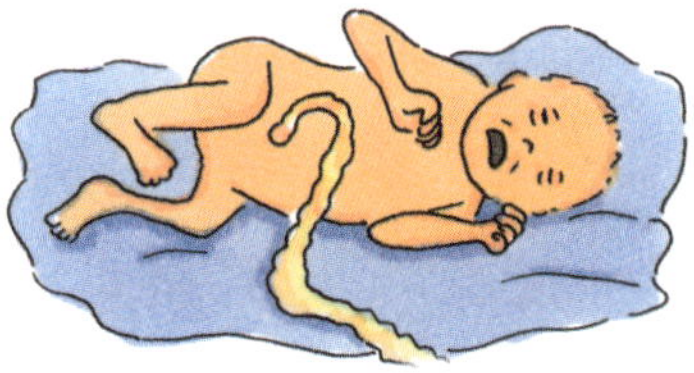

Nach der Geburt wird die Nabelschnur zwischen der Mutter und dem Baby durchgeschnitten.

der Nadelbaum

Die meisten Nadelbäume sind auch im Winter grün, weil ihre Nadeln nicht abfallen.

die Narzisse

Narzissen wachsen aus kleinen Zwiebeln.

der Nebel

Bei Nebel musst du helle Kleidung anziehen.

die Nektarine

Die Nektarine ist eine Pfirsichart mit glatter Haut.

das Netz

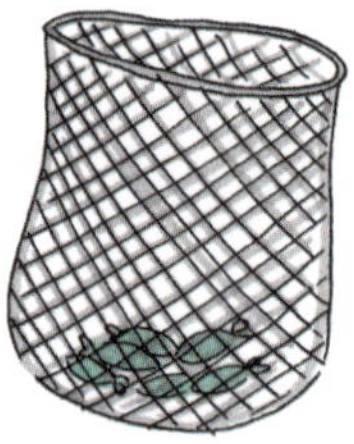

Zum Fischen ziehen die Fischer ein riesiges Netz hinter ihrem Schiff her.

die Nisthöhle

Die Meise brütet in dieser Nisthöhle ihre Eier aus.

die Nixe

Nixen gibt es nur im Märchen. Statt Beinen haben sie eine große Schwanzflosse.

der Nomade

Nomaden wandern mit ihren Herden zu verschiedenen Weideplätzen.

die Nonne

Nonnen leben in einem Kloster.

der Notarzt

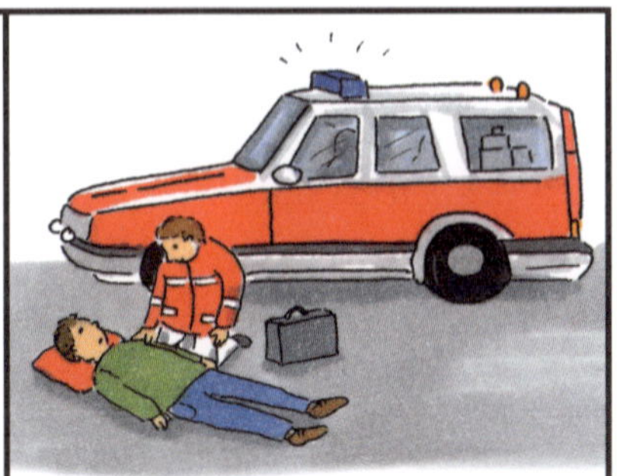

Mit dem Rettungswagen kommt der Notarzt zu Unfällen.

die Nudeln

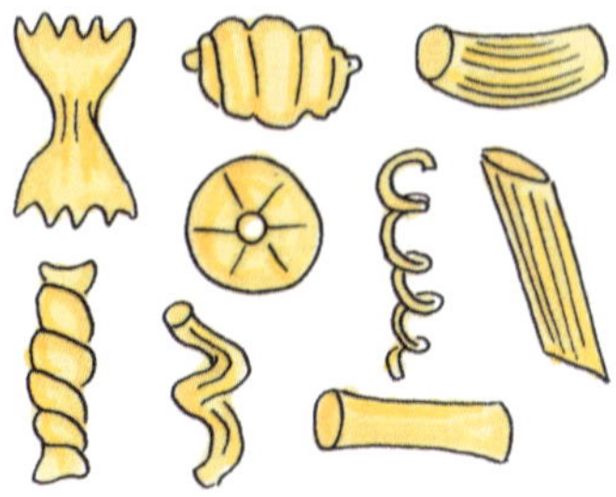

Nudeln können ganz verschieden aussehen – wie Schleifen, Hörnchen und noch vieles mehr.

Zwei Blumen auf diesem Bild sind nur ein einziges Mal vorhanden.
Male sie bunt an!

Male die Kleidung der Kinder so an, dass man sie bei Dunkelheit, Nebel und Regen gut erkennen kann!

Suche die Nixe und die anderen fünf Märchenfiguren. Male sie bunt an!

die Oase

Eine Oase ist eine Wasserquelle mitten in der Wüste.

das Öl

Aus Essig, Öl und Gewürzen mischt Papa eine Soße für den Salat.

der Oldtimer

Alte Autos nennt man Oldtimer.

der Optiker

Der Optiker berät seinen Kunden und fertigt die Brille für ihn an.

das Orchester

Meist sitzt das Orchester im Orchestergraben.

die Orff-instrumente

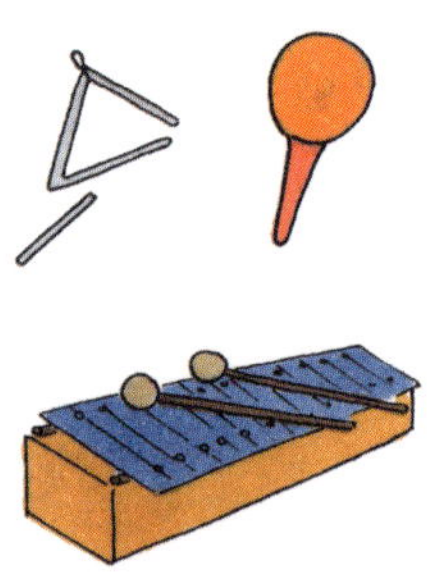

Xylofon, Glockenspiel, Triangel und Rassel sind Orffinstrumente.

der Pilz

Im Herbst kann man im Wald viele Pilze finden.

der Pirat

Piraten sind Räuber, die Schiffe überfallen und sie ausrauben.

der Planet

Unsere Erde ist ein Planet. Sie umkreist die Sonne.

der Polizist

Dieser Verkehrspolizist überprüft die Führerscheine der Autofahrer.

das Puzzle

Es macht Spaß, ein Puzzle zusammenzusetzen.

die Pyramide

Pyramiden wurden vor langer Zeit aus riesigen Steinblöcken gebaut.

Kannst du das Puzzle richtig zusammensetzen? Male die Rahmen der Puzzleteile, die zusammengehören, in derselben Farbe an!

Welche Instrumente gehören nicht zu den Orffinstrumenten? Streiche sie durch!

Lösung: das Keyboard, die Trompete

Wo hat der Pirat seinen Schatz versteckt? Male alle Felder mit einem C aus, dann weißt du es!

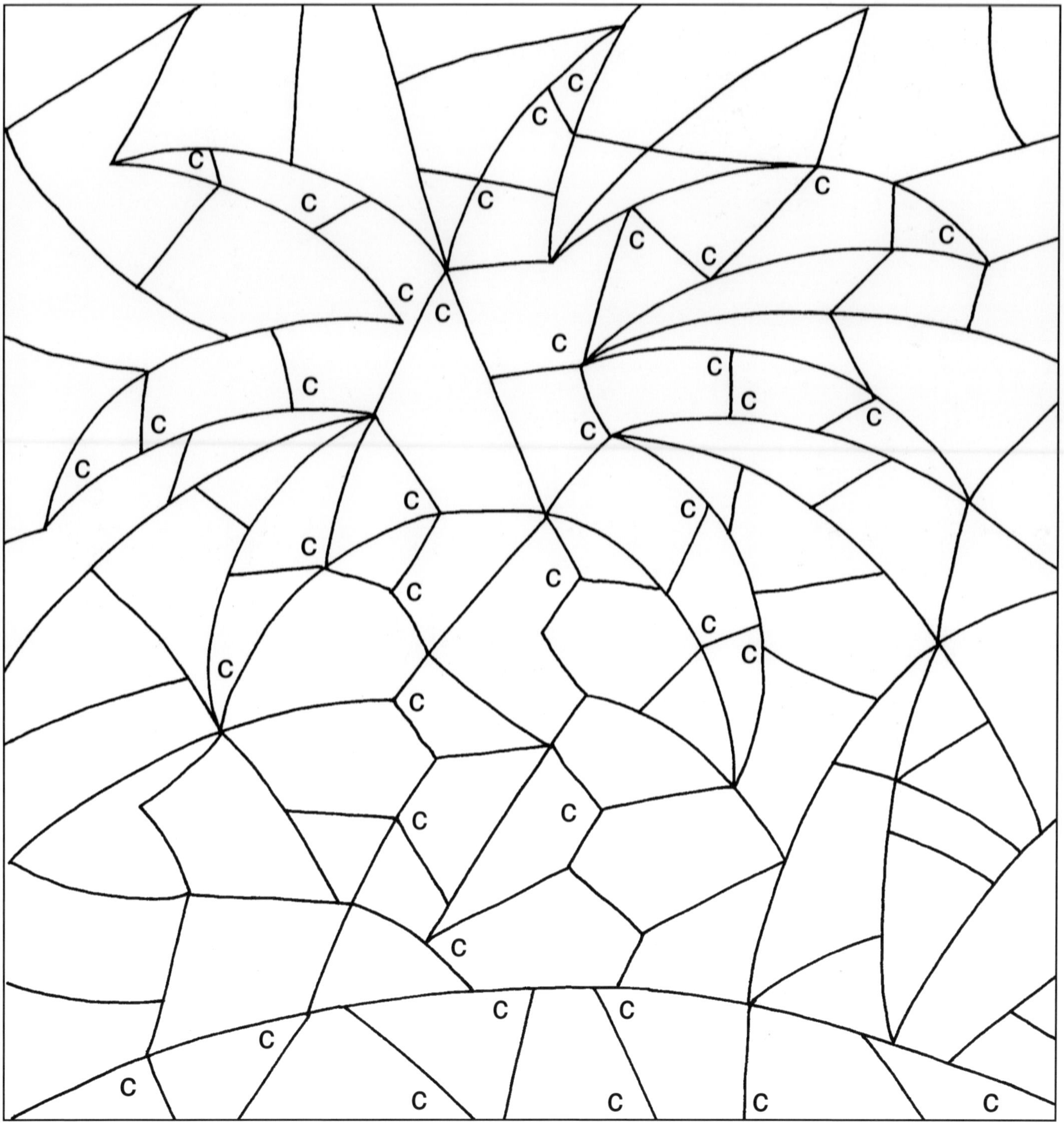

Lösung: Unter der Palme

das Quadrat

Die vier Seiten eines Quadrats sind gleich lang.

die Qualle

Wenn du eine Qualle berührst, kann diese Hautstelle brennen.

der Quarz

Glas wird aus Quarz gemacht.

die Quaste

Dieser Vorhang wird mit einer Quaste zusammengehalten.

die Queen

Die Königin von England wird Queen genannt.

die Querflöte

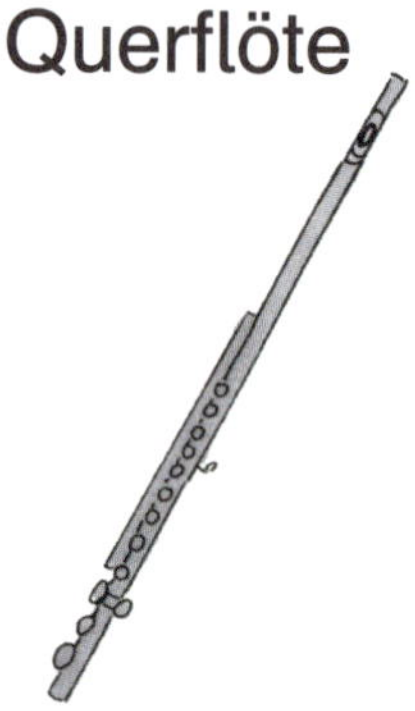

Eine Querflöte besteht aus Metall.

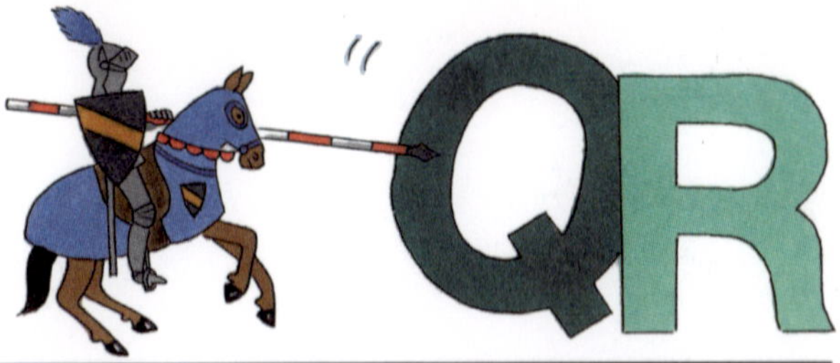

die Rakete

Eine Rakete braucht keine Flügel wie Flugzeuge, um fliegen zu können.

der Reflektor

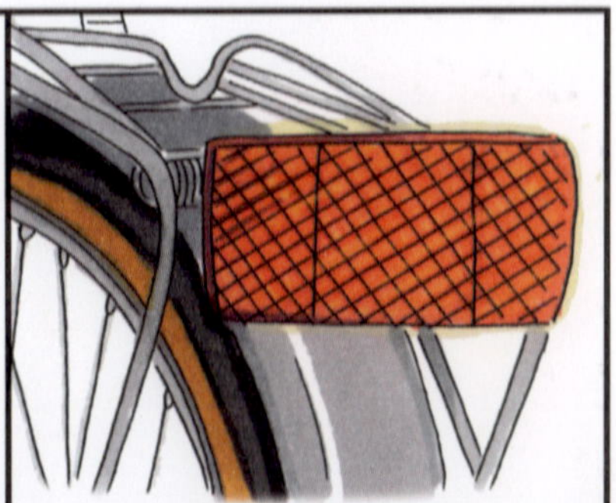

Ein Reflektor wird auch Rückstrahler genannt.

der Regenbogen

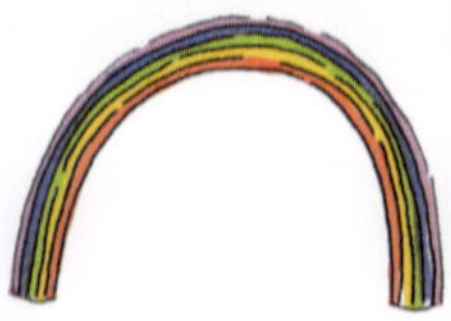

Wenn die Sonne auf Regen scheint, entsteht ein Regenbogen.

der Reißverschluss

An vielen Hosen und Jacken ist ein Reißverschluss.

der Ritter

Seine Rüstung schützte den Ritter vom Kopf bis zu den Füßen.

der Roboter

Ein Roboter bewegt sich wie von selbst.

Bestimmt kannst du schon Quadrate von anderen Formen unterscheiden.
Male alle Quadrate bunt an!

Was trägt die Queen zu besonderen Anlässen? Male die Felder mit einem Quadrat gelb an, dann weißt du es!

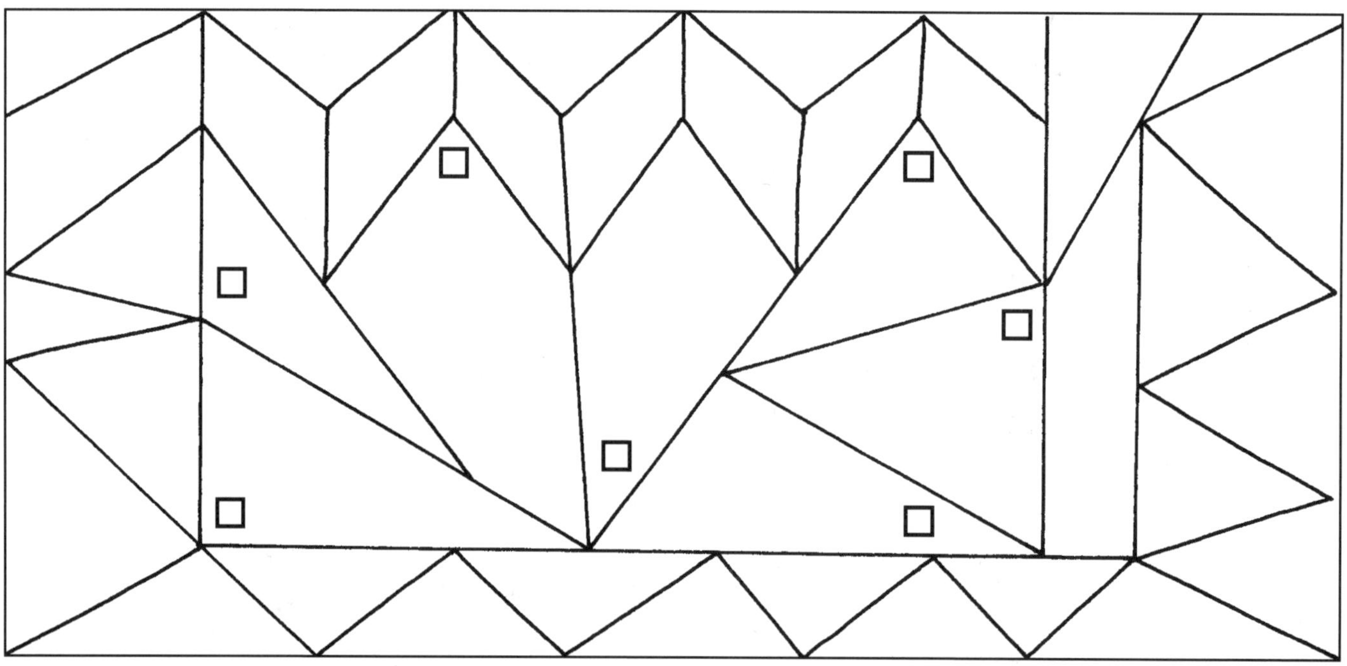

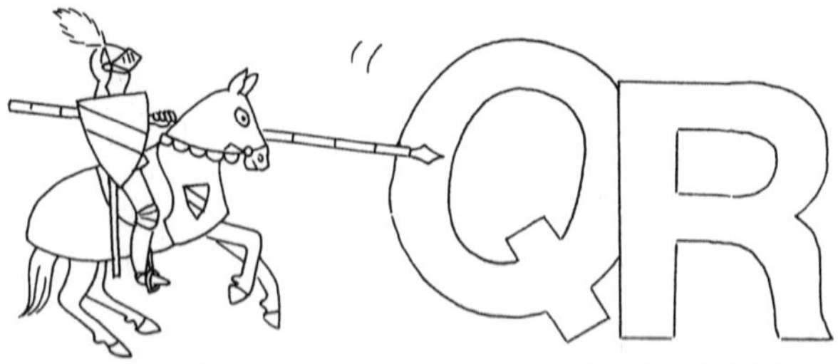

Der kleine Ritter Kunibert hat sich auf dem Ritterturnier verirrt.
Sein Vater, Ritter Hugo, sucht ihn überall. Hilf ihm suchen!

die Säge

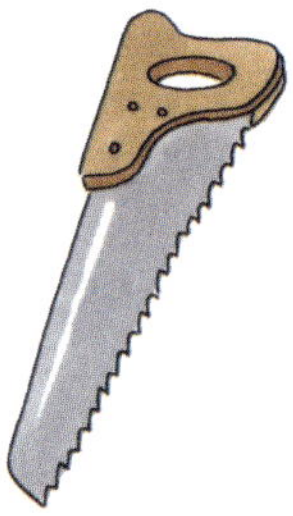

Mit der Motorsäge sägt der Waldbauer den morschen Ast ab.

die Sahara

Die größte Wüste der Welt heißt Sahara.

das Salz

Wenn Meerwasser verdunstet, bleibt Salz zurück.

der Satellit

Dieser Satellit nimmt Bilder vom Wetter auf und sendet sie zur Erde.

das Schloss

Früher wohnten Könige, Prinzen, Grafen oder Fürsten in einem Schloss.

die Schnecke

Die Schnecke kriecht auf einer Schleimspur langsam vorwärts.

der Schnee

Wenn es im Winter kalt genug ist, fällt Schnee.

die Schule

In der Schule üben die Kinder lesen, schreiben und rechnen.

der Skorpion

Mit seinem giftigen Stachel am Schwanzende kann er seine Beute töten.

das Stadion

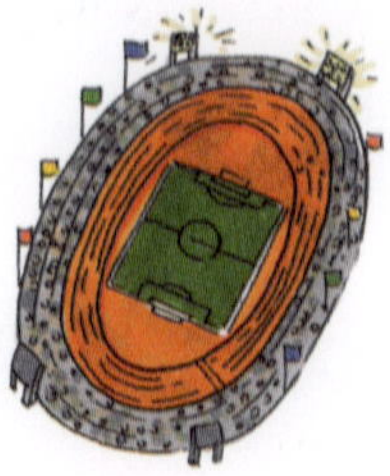

Ein Stadion ist eine ovale Sportanlage.

der Stern

Sterne sind so weit entfernt, dass du sie nur als Punkte am Himmel siehst.

die Straßenbahn

Die Straßenbahn fährt auf Schienen durch die Stadt.

Die Schnecken sind auf den Salatblättern unterwegs. Zeichne ihnen solche Schneckenhäuser, wie du es bei der ersten Schnecke siehst!

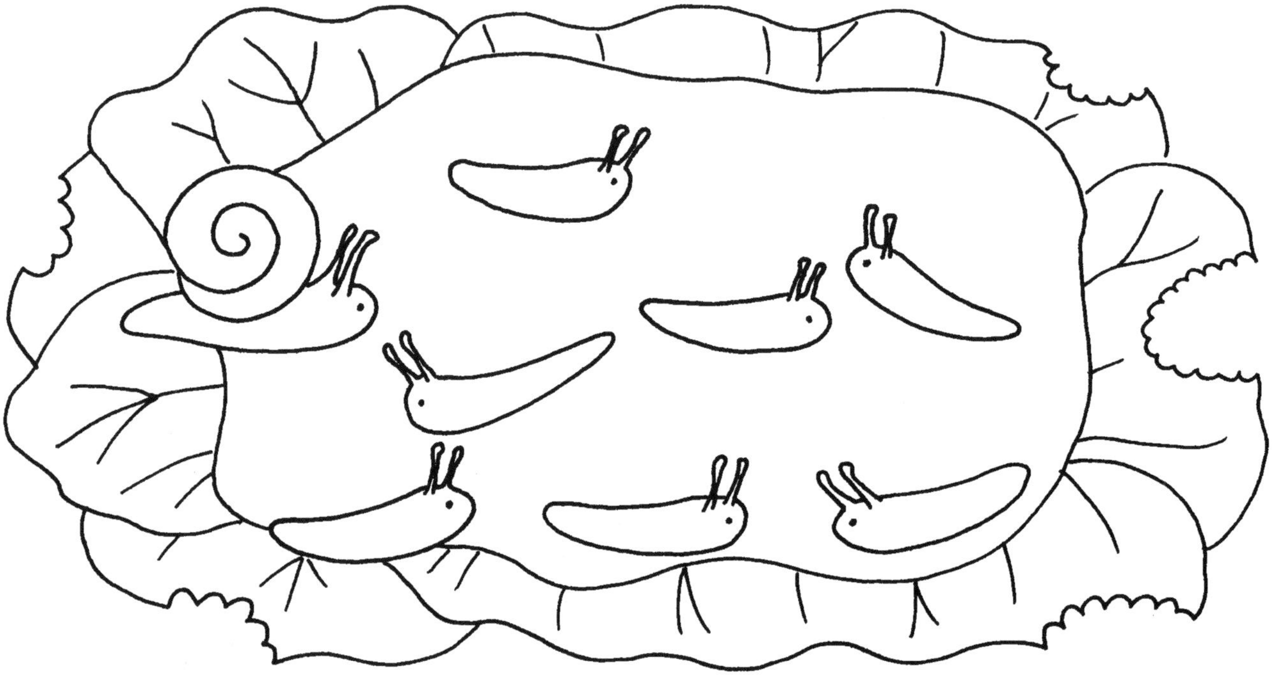

Besonders helle Sterne am Himmel können Sternbilder ergeben. Wenn du diese Sterne mit Strichen verbindest, ergeben sie das Sternbild „Großer Wagen“.

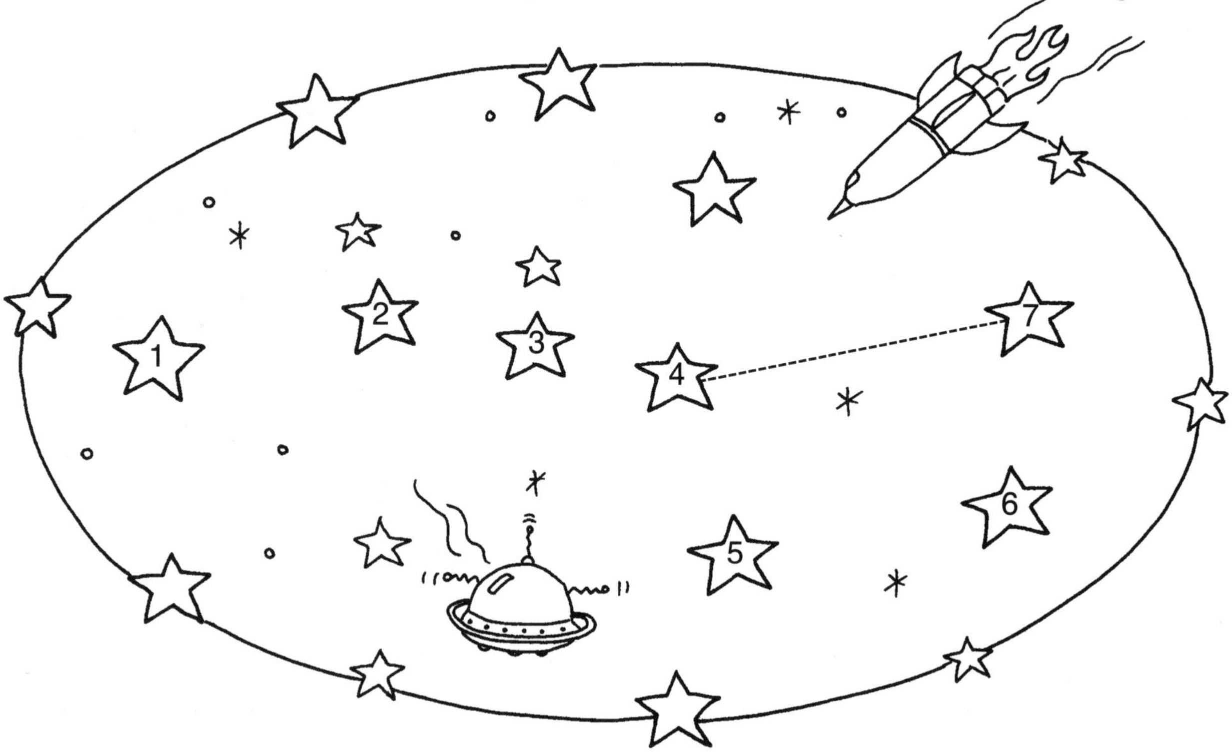

Male die Schneekristalle fertig! Zeichne die fehlende Hälfte genauso wie die erste Hälfte!

der Tacho-
meter

Auf dem Tachometer kann Mama ablesen, wie schnell sie gerade mit dem Auto fährt.

das Tandem

Auf einem Tandem können zwei Personen hintereinander sitzen.

die Tankstelle

Papa fährt mit dem Auto zur Tankstelle, um Benzin zu tanken.

das Tau

Der Angler bindet sein Boot mit einem dicken Tau am Kai fest.

der Taucher

Dieser Taucher trägt eine Tauchmaske und Schwimmflossen.

der Tee

Papa gießt kochendes Wasser über die getrockneten Teeblätter.

das Teleskop

Durch ein Teleskop kannst du die Sterne am Himmel vergrößert betrachten.

das Terrarium

In einem Terrarium kannst du Kriechtiere oder Lurche halten.

das Thermometer

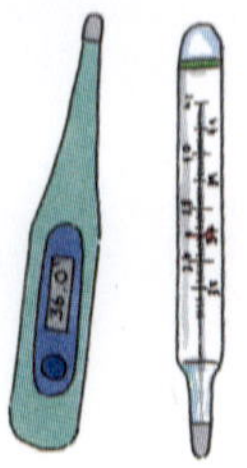

Mit einem Fieberthermometer kontrolliert der Arzt, ob du Fieber hast.

das Treibhaus

Im Treibhaus zieht der Gärtner die jungen Pflanzen vor.

die Triangel

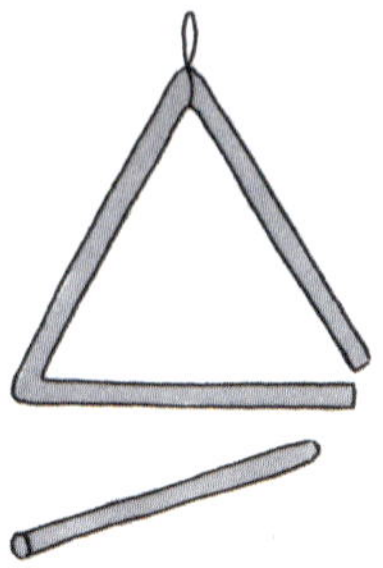

Wenn du mit dem Stab gegen das Dreieck schlägst, hörst du einen hellen Ton.

die Tropfsteinhöhle

In einer Tropfsteinhöhle gibt es viele schöne Kalksteinsäulen.

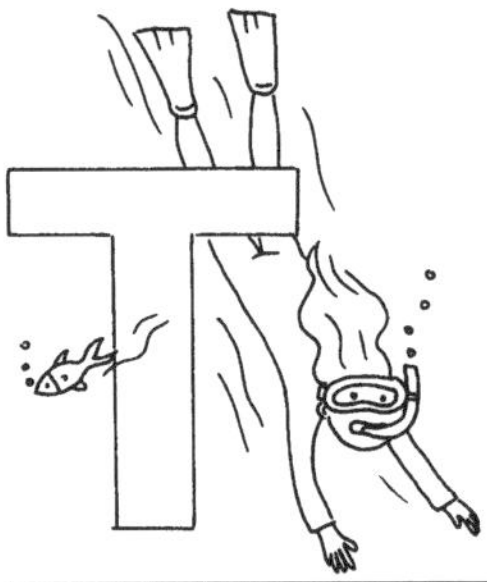

Wie viele Fledertiere hängen in dieser Tropfsteinhöhle von der Decke herunter?

Was gehört zusammen? Verbinde die passenden Bilder miteinander!

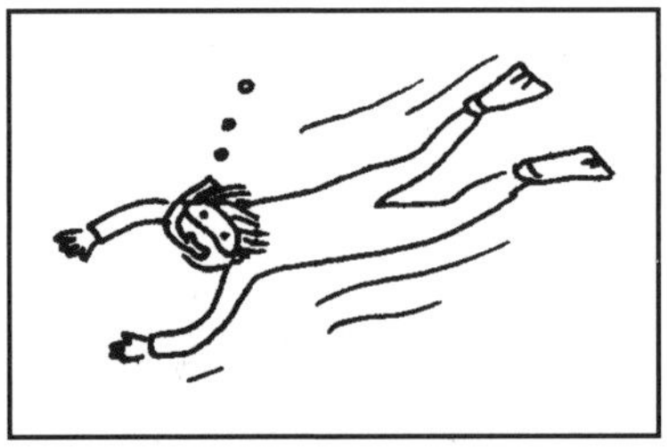

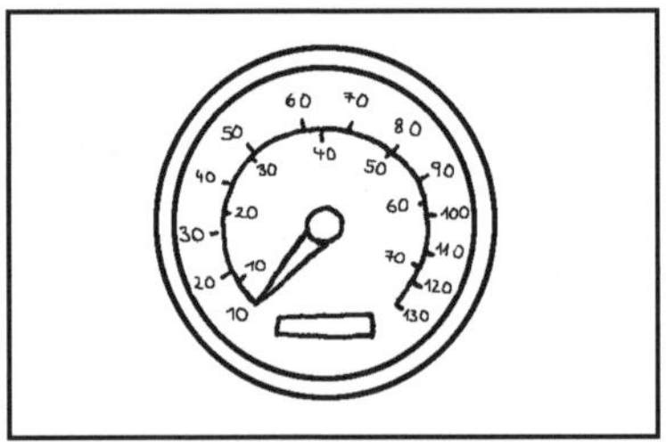

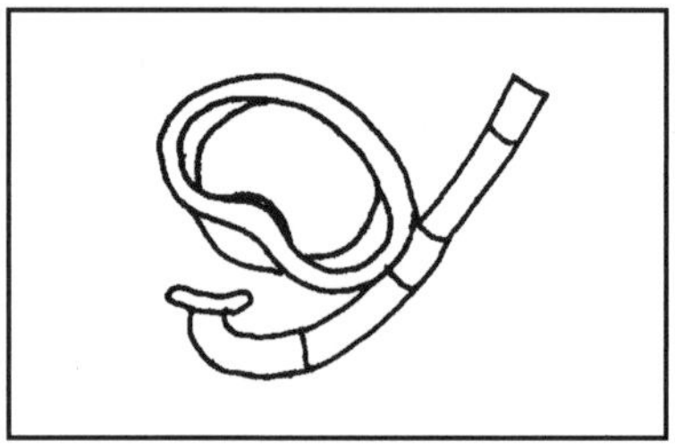

Die Terrariumbewohner haben sich gut versteckt. Findest du die Tiere?
Wie viele sind es?

Lösung: drei Tiere

UVW

das U-Boot

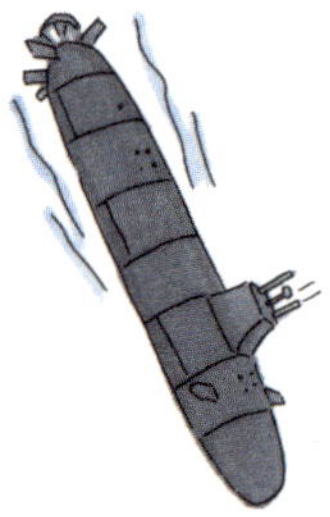

Ein Unterseeboot ist die meiste Zeit unter Wasser unterwegs.

die Umkleide-kabine

Bevor du ins Wasser springen kannst, musst du dich in der Umkleidekabine umziehen.

das Unkraut

Oma zupft im Garten das Unkraut aus den Beeten.

das Ventil

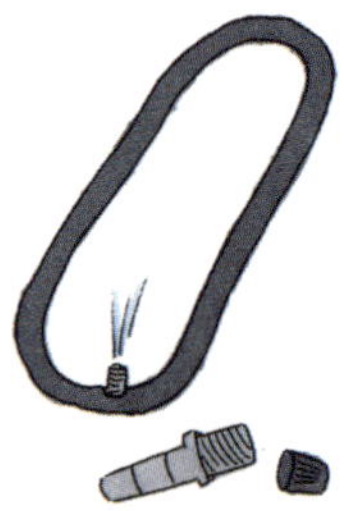

Durch das Ventil pumpt Mama mit der Luftpumpe den Fahrradschlauch auf.

der Ventilator

Der Ventilatorpropeller dreht sich schnell und macht dadurch kühlen Wind.

der Vulkan

Wenn ein Vulkan ausbricht, wird heißes Gestein herausgeschleudert.

der Wasserfall

Bei einem Wasserfall stürzt das Flusswasser viele Meter in die Tiefe.

die Wasserwaage

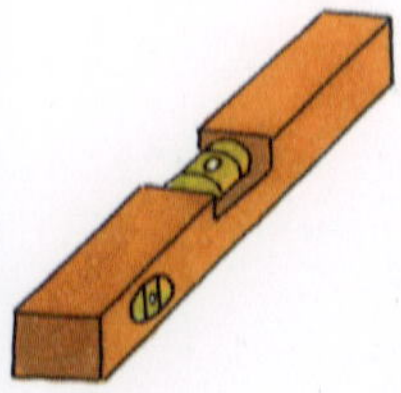

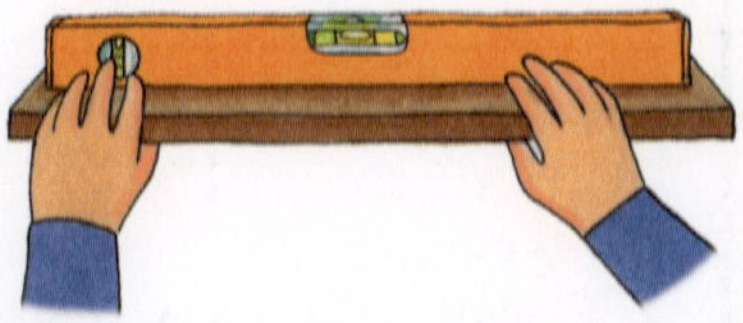

Wenn die Luftblase im Wasserröhrchen in der Mitte ist, ist das Brett gerade angelegt.

das Wattenmeer

Im Wattenmeer wird zweimal am Tag das Land vom Meer überflutet.

die Welle

Wenn die Wellen zu hoch sind, ist das Schwimmen im Meer gefährlich.

das Weltall

Im Weltall gibt es viele Sterne und Planeten.

die Windmühle

Früher wurde das Getreide in der Windmühle vom Müller zu Mehl vermahlen.

UVW

In welcher Umkleidekabine probiert der Clown neue Kleider an? Kreuze sie an!

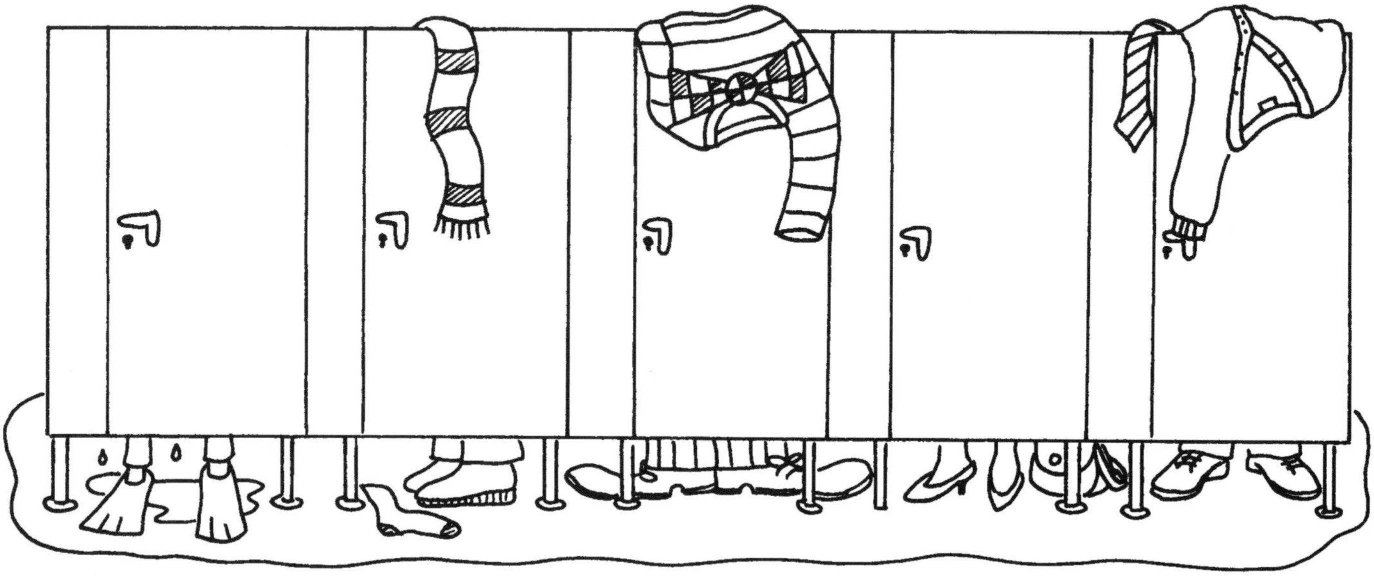

Felix ist mit dem Ruderboot unterwegs. Zeichne die fehlenden Wellen in das Bild ein! Gehe immer von links nach rechts!

Welche Regalbretter sind ganz gerade? Sieh dir die Wasserwaagen genau an!
Male die Luftblasen blau an, die genau in der Mitte des Wasserröhrchens sind!

das Xylofon

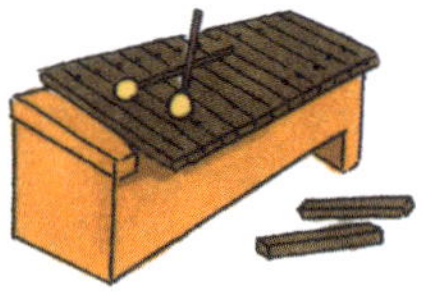

Wenn du mit einem Schlägel die Holzstäbe anschlägst, bringst du sie zum Klingen.

das Yoga

Yogaübungen entspannen deinen Körper.

der Zebra-streifen

Die Autofahrer halten an, damit die Fußgänger auf dem Zebrastreifen die Straße überqueren können.

das Zelt

Auf dem Campingplatz schlägt die Familie ein Zelt auf.

der Zeppelin

Zu einem Zeppelin kann man auch Luftschiff sagen.

der Zirkel

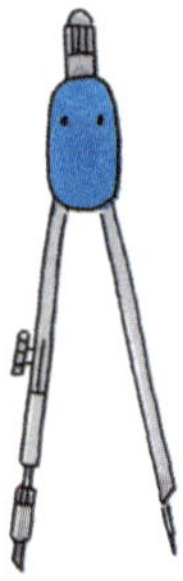

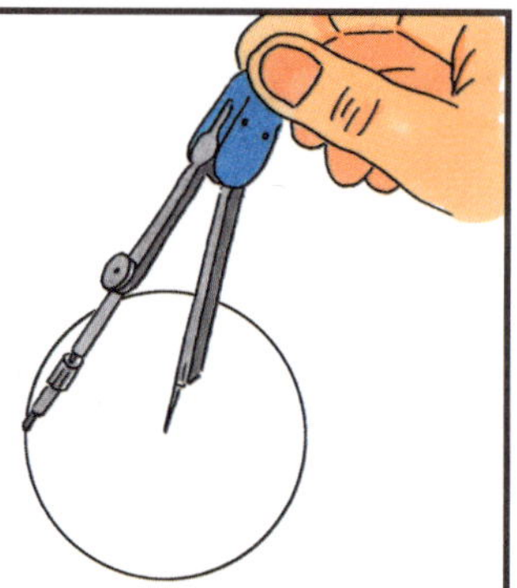

Mit einem Zirkel kannst du runde Kreise zeichnen.

der Zirkus

Der Zirkus zieht von Stadt zu Stadt, um dort Vorstellungen zu geben.

die Zitrone

Man kann erfrischende Limonade aus Zitronensaft machen.

die Zunge

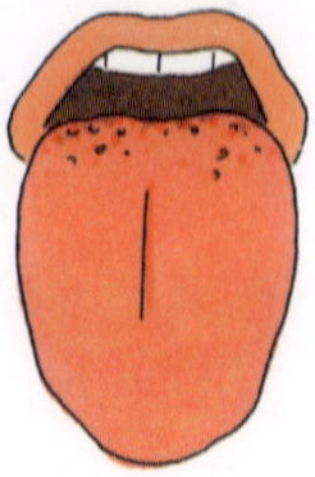

Mit der Zunge kannst du schmecken, ob etwas sauer, süß, salzig oder bitter ist.

die Zwillinge

Diese Zwillinge sehen sich zum Verwechseln ähnlich.

der Zimt

Zimt ist ein Gewürz, das gerne zum Backen genommen wird.

das Ziel

Wer als Erster das Ziel erreicht, hat gewonnen.

Lara und Lena sind Zwillinge. Doch nicht in allem sehen sie genau gleich aus. Findest du die sechs Unterschiede? Kreise sie ein!

Lösung: 1. die Haarbänder, 2. die Kette, 3. der Pullover, 4. der Ring, 5. die Hose, 6. die Schuhe